CUATRO MESES DE BARBARIE
MALLORCA BAJO EL TERROR FASCISTA

MANUEL PÉREZ

Legu, kopiu, diskonigu, reverku,
kantu, muzikigu, kriu, recitu
ĉi Libron, Diskonigu la Ideon!

Llegiu, copieu, difoneu, reescriviu,
canteu, musiqueu, crideu, reciteu
aquest Llibre, Difoneu la Idea!

Cuatro meses de barbarie.
Mallorca bajo el terror fascista
Texto: Manuel Pérez
Edición: Jordi Maíz | Raúl Montilla

Silenciades. 04, 11x16 cm, 89 p., 2025

CALUMNIA EDICIONS
calumnia-edicions.net

marzo de 2025
ISBN 978-84-129699-1-7
DL: PM 00078-2025

CUATRO MESES DE BARBARIE
MALLORCA BAJO EL TERROR FASCISTA

MANUEL PÉREZ

CALUMNIA

LA ODISEA DE MANUEL PÉREZ

Manuel Pérez (Osuna, 1887 - Río de Janeiro, 1964) emigró de joven a Brasil, donde participó en distintas luchas sociales hasta que fue expulsado en 1919 por las autoridades y enviado al Estado español. Allí se integró en el anarquismo peninsular. Tuvo una destacada actuación en Andalucía y en las Islas Canarias, donde reorganizó la Confederación y dirigió su periódico *En Marcha* (1932). En julio de 1936 era redactor de *Solidaridad Obrera*, aunque no era la primera vez que visitaba nuestra isla, ya que residió en ella en 1933 y conocía bien a los compañeros mallorquines.

Con la derrota en la guerra, se negó a abandonar la península y fue confinado en Albatera (abril de 1939). Fue liberado en 1941 gracias a las presiones del consulado brasileño y en julio de ese mismo año embarcó rumbo a Río de Janeiro. Allí continuó fiel a sus ideas hasta la muerte, el 16 de junio de 1964. Colaboró en numerosos periódicos como *Açao Direta*, *A Batalha*, *Espartacus*, *Cultura Obrera*, *Tiempos Nuevos*, *La Voz de Menorca*, *Ruta*, *La Tierra*, *Solidaridad Obrera* de Barcelona y Sevilla, *Nervio* de París y, además de *Cuatro meses de barbarie. Mallorca bajo el terror fascista*, publicó *Redención* y dejó escritas unas memorias.

En julio de 1936, la CNT en las Islas Baleares decidió celebrar un congreso para intentar revitalizar la organización e iniciar una nueva etapa como región diferenciada de la catalana, a la que siempre había estado asociada. Se trataba, pues, del congreso constitutivo de la regional de Baleares, que se celebraría los días 18 y 19 de julio[1]. A pesar de los momentos convulsos que vivía el Estado español y los rumores sobre un posible golpe de estado, Manuel Pérez viajaría la tarde del 18 de julio hacia Mallorca a bordo del *Ciudad de Valencia* para encontrarse con Manuel Vergara, tesorero del Comité Nacional de la CNT, y Sanmartí. El día anterior se había recibido un telegrama de la CNT mallorquina en el que se solicitaba a los compañeros catalanes la presencia de Manuel Pérez[2].

Manuel Pérez se encontraría con el levantamiento en Mallorca. Según cuenta él mismo, participó en la resistencia contra los sublevados, pero finalmente tuvo que esconderse en el barrio palmesano de La Soledad (entonces, La Libertad). Se ocultó en casa de la militante cenetista Júlia Palazón. Palazón trabajaba en el ayuntamiento de Palma y consiguió un documento de identidad a nombre de su tío, José Palazón Turpin, que residía en Barcelona, y así Pérez pasó desapercibido[3]. Tras cuatro meses de inquietud por las noticias sobre la violenta represión y el fracaso del desembarco republicano de Bayo, Manuel Pérez, junto con once compañeros, logró huir de la isla y llegar a Menorca tras una azarosa travesía. *Cuando llegamos a Mahón los 11 fugitivos de Palma íbamos casi en cueros ya que nuestra ropa, a más de muy gastada por la peregrinación vivida en las montañas de la isla, había completado su ruina durante nuestra penosa huida para Menorca[4].*

En Menorca se enteró de la muerte de Buenaventura Durruti, de quien se había despedido antes de partir hacia Mallorca.

En el recién incautado periódico *La Voz de Menorca*, Manuel Pérez escribió un sentido artículo sobre Durruti bajo el título «Gigante con corazón de niño». Participó en las actividades de los anarquistas menorquines y, a través de la radio, logró contactar con Federica Montseny[5].

A finales de diciembre de 1936, el destructor *Císcar* logró burlar el bloqueo naval impuesto por los fascistas y llegó a Mahón. Cuando zarpó nuevamente rumbo a Valencia, Manuel Pérez embarcó en él.

Dejemos que Manuel Pérez nos cuente cómo fue la llegada a Valencia y la génesis del opúsculo que hoy publicamos. Una vez más volvemos a sus memorias, *30 años de lucha*:

Hube de reír bastante, cuando al bajar del Císcar, una vez que éste hubo anclado en el puerto de Valencia, hablé por teléfono con el Comité Regional de Valencia, ya que al decir quién era al compañero que acudió al aparato, éste que seguramente ignoraba que aún vivía y que había conseguido escapar de Mallorca exclamó soltando carcajada irónica:

Déjate de bromas a esta hora, ¿cómo vas a ser tú Manuel Pérez, si al Canario—así me llamaban en la intimidad—hace 4 meses que lo fusilaron en Palma de Mallorca?

Cuando media hora más tarde llegué al local del comité, el mismo compañero que me había atendido por el teléfono, después de abrazarme con lágrimas en los ojos, me dijo bastante emocionado: *"Ahora sí que yo creo en los fantasmas"*.

Aquel día fue para mí pletórico en emociones, unas provocadas al abrazar a compañeros muy queridos que en las horas amargas vividas en Mallorca creí que ya no volvería a ver jamás; estas eran emociones de alegría, pero otras eran de profunda tristeza al saber que muchos otros habían caído en lucha heroica contra las hordas del fascismo.

Después de presentarme al Comité Nacional, de abrazar a los buenos amigos Mariano, García Oliver, Peiró, Federica Montseny, Francisco Carreño y muchos otros, entre ellos los inolvidables David Antona y Claro Sendon, entonces al frente de la Sección de Propaganda de la CNT, quedó *combinado que yo iría a Barcelona para ver a mi familia, regresando después a Valencia a fin de tomar parte de varios actos de propaganda y escribir un folleto sobre lo que había visto durante los 4 meses que viví en el infierno mallorquín[6].*

Grup d'Estudis Llibertaris
Els Oblidats

PRÓLOGO

¿Qué podemos decir nosotros que no vaya relatado en este folleto que hoy nuestra Oficina de Propaganda ofrece al pueblo revolucionario?

Manuel Pérez ha sabido plasmar en un puñado de cuartillas todo el verismo trágico de un pueblo sojuzgado y embrutecido hasta la abyección.

Por sus páginas vemos desfilar todos los horrores de la guerra, todos los apetitos de la bestia fascista desatados. Palma de Mallorca, la isla risueña y confiada del Mediterráneo, gime desde los primeros días de la sublevación bajo la garra del fascismo. Allí apenas si hubo resistencia. No podía haberla. La organización obrera fue siempre muy endeble, carecía de esa personalidad recia que en otras ciudades poseía y posee y que le permitió, tan pronto la sublevación se hizo pública, aplastar a sus iniciadores. Manuel Pérez, San Martín y Manuel Vergara habían sido enviados a aquella isla por nuestra organización. Los dos primeros, en nombre de la Regional catalana, y el último, Vergara, por el Comité Nacional de la C.N.T., al que pertenecía, desempeñando en el mismo las funciones de Tesorero.

Pérez, San Martín y algunos más, lograron salir de la isla maldita, ponerse a salvo, más no así Vergara. Vergara, como tantos otros, pagó con su vida el amor hacia los demás. Los mercenarios del fascio cosieron su cuerpo a bayonetazos. Sorprendido cuando escuchaba la radio y detenido por sospechoso, fue conducido por las hienas fascistas a la Delegación de Policía. Allí parece que identificaron su personalidad, haciéndole seguidamente objeto de toda clase de insultos, vejaciones y atropellos.

Las pistolas fascistas nos arrebataron un excelente compañero y un amigo entrañable. Su obra, como la de Teodoro Mora, Durruti, Ascaso y tantos otros, no la olvidaremos jamás. Ella será la luminaria que nos conduzca por la intrincada vereda de la revolución libertaria.

Nuestra lista de mártires se ha enriquecido. Ahora sí que podemos decir con propiedad que en España no queda un metro de tierra que no esté regada por la sangre de los hombres de la C.N.T.

Manuel Pérez, el consecuente militante, el anarquista marcho, el que como tantos y tantos recorrió los caminos del mundo predicando ideas de redención, ha escrito un nuevo folleto. Nosotros le hemos leído «de un tirón». Por muy habituados que estemos a las crueldades del fascismo, no deja de impresionarnos este relato. En Mallorca, reina el terror, la barbarie, la muerte,...

¿Qué más podemos decir? Que lo leáis con atención y que ello os sirva para execrar, aún más si cabe, al fascismo, para luchar denodadamente hasta conseguir que España quede limpia de fascistas.

No olvidéis que en nuestro suelo se ventila el porvenir de la Humanidad. Si el fascismo llegara a triunfar: la Humanidad quedaría sumida nuevamente en las tenebrosidades de la Edad Media.

Por el Comité Nacional,
La sección de Información, Propaganda y Prensa.

CUATRO MESES DE BARBARIE
MALLORCA BAJO EL TERROR FASCISTA

MANUEL PÉREZ

Con cruda realidad voy a exponer, ante los ojos de los trabajadores, de todos los hombres de conciencia honrada, la horrible tragedia que vive el pueblo mallorquín, sometido desde el día 19 de Julio a la furia salvaje de los elementos fascistas.

Mi exposición será sencilla, sin alardes literarios, ya que hablaré en ese lenguaje propio de los hombres del trabajo, a quienes el capitalismo ha cerrado siempre las puertas de la cultura para abrirles de par en par las puertas trágicas de su presidio.

Una cosa os puedo afirmar honradamente: cuanto os expongo en este relato es absolutamente cierto; es una verdad incontestable, que nadie será capaz de desmentir. Este folleto os demostrará lo que sería España si ese régimen maldito que se llama fascismo triunfara en nuestro país.

Mediten serenamente cuanto le lean y pongan la mano sobre su conciencia los que en estos momentos graves, sin sentido de responsabilidad intentan romper la unión sagrada del proletariado que lucha heroicamente por la causa de la libertad y la justicia.

ENTREMOS DE LLENO EN LA EXPOSICIÓN

Más de una vez, en las horas amargas vividas en Mallorca, han asomado lágrimas a mis ojos y he pensado que eran felices los que con el fusil en mano podían luchar en el frente de batalla contra las hordas malditas del fascio. Porque más cruel que exponer la vida por la libertad es vivir acorralado como fiera, acostándose cada día sin saber si al día siguiente nuestro cadáver, mutilado, sería encontrado en la carretera trágica que conduce al cementerio. Así vive el pueblo trabajador de esa hermosa isla que se llama Palma de Mallorca.

LA GRAN RESPONSABILIDAD DE LOS GOBERNANTES

En 1934, cuando me encontraba en Santa Cruz de Tenerife, pude comprobar —y esto es una vergüenza que cae de lleno sobre los hombres que han gobernado a España después del 14 de abril— que el archipiélago canario más que una región española era una especie de colonia alemana.

Demostré en artículos publicados en *Solidaridad Obrera* que Santa Cruz de Tenerife, Las Palmas, Santa Cruz de la Palma y todas las islas que integran aquel archipiélago estaban en el poder del imperialismo alemán.

¿De qué forma se había apoderado Alemania del archipiélago canario? De igual forma que pretendió apoderarse de la isla de Madeira.

En la isla de Madeira los alemanes establecieron un sanatorio antituberculoso para los súbditos alemanes allí residentes, pero de lo que se trataba era de ir conquistando aquella isla para establecer en ella una base naval.

No pudieron conseguirlo porque a tiempo Portugal elevó su protesta, y entonces trató de conquistar todo el archipiélago canario, porque le interesaba tener una base naval en el Atlántico del Norte.

Pues bien; en 1934 demostré con hechos concretos, con pruebas irrefutables, que Canarias era alemana. No existía en Santa Cruz de Tenerife un solo hotel, un solo centro de turismo que perteneciera a los españoles del continente, ni siquiera a los isleños, sino que todos pertenecían a los súbditos alemanes; los principales talleres metalúrgicos, los trabajos de carga y descarga, la consignación de buques, la industria y el comercio, la vida económica de la isla estaban bajo el control absoluto de Alemania.

Es más: Jacobo Adhlers, cónsul general de Alemania en Santa Cruz de Tenerife, era el mayor propietario de tierras en la Orotava. Canarias era, en fin, una colonia de Hitler.

Los militares españoles llevaron su cinismo hasta el extremo de ir vestidos de paisano por las calles de Tenerife luciendo en la solapa la cruz esvástica.

Semanalmente, se repartía el periódico fascista, editado en Hamburgo, que llevaba en la primera plana la fotografía de Hitler, en el cual se hacía la apología del fascismo, indicando que solamente este régimen podría salvar a España.

Todo esto se hizo público en *Solidaridad Obrera*, porque era una vergüenza para los españoles que una de sus regiones estuviera en poder de extranjeros.

Pues bien; por haber hecho esta campaña, por haber demostrado que se apoderaban de una parte de nuestro territorio, fui deportado de Santa Cruz de Tenerife; es decir, que se deportaba a los que se preocupaban por los intereses de España y se protegía a los que se apoderaban de una parte de su territorio.

No son momentos de lanzar recriminaciones; solamente he de decir, para que lo sepa el pueblo de Levante, que era gobernador un político valenciano, discípulo de

Blasco Ibáñez. Que ponga la mano sobre su conciencia y recuerde si yo tenía o no razón cuando afirmaba que allí se hacía labor contraria a los intereses de España.

POR QUÉ TRIUNFÓ EL FASCISMO EN PALMA DE MALLORCA

Tendríamos que decir que por el mismo motivo que triunfó en otras capitales de España. Los hombres de la República perdían el tiempo lamentablemente en defender intereses y ambiciones particulares, y en lugar de vivir al lado de los trabajadores, que son la única fuerza positiva de España, se entretenían en hacer política de partido.

Un gobernador cobarde, pusilánime, fue el responsable del triunfo fascista en Palma de Mallorca. Cuando en la madrugada del 19 de Julio los hombres de izquierda, las organizaciones obreras C. N. T. y

U.G.T., que ya sabían el peligro que se cernía sobre España, acudieron al gobernador civil para exigirle armas e impedir que las hordas fascistas se lanzaran a la calle, éste contestó con arrogancia: «Tengo fuerzas suficientes para garantizar el orden y no entrego armas a nadie».

Ante la protesta vehemente de los trabajadores, que le hicieron ver el peligro en que se encontraba la isla, ya que en algunos puntos de España había estallado el movimiento, el gobernador replicó con estas palabras: «El general Goded me visitó anoche para decirme, bajo palabra de honor, que está incondicionalmente al lado del Gobierno legalmente constituido».

Hay que ser muy ingenuo para creer que Goded, que ni siquiera era republicano, pudiera ser fiel a un gobierno de izquierdas, y mucho menos a la causa de la libertad. Llevó este hombre su intransigencia suicida al extremo de impedir que los militantes de las organizaciones obreras pudieran tener en su poder una pistola para defenderse de una posible agresión.

Yo no me atrevo a afirmar que el gobernador estuviese de acuerdo con los militares sublevados, pero sí afirmo que él es el único responsable de que el fascismo triunfara en Palma de Mallorca.

SALEN A LA CALLE LOS ASESINOS FASCISTAS

Como habíamos previsto, el general Goded estaba comprometido en el movimiento militar. A las ocho de la mañana las fuerzas del ejército se lanzaban a la calle, siendo declarado el estado de guerra. Simultáneamente, empezaron a circular gran número de autos repletos de falangistas, que al grito de «¡Arriba España!», disparaban sus pistolas contra la población indefensa.

Ocupados los centros oficiales, donde los rebeldes no encontraron la menor resistencia, se inició el asalto a las organizaciones obreras y a los locales donde tenían su residencia las agrupaciones políticas de izquierda. Nada escapó a la furia vandálica de las hordas fascistas. Después de destrozarlo todo: muebles, cuadros, instrumentos de trabajo, etc., recordando los autos de fe de la Santa Inquisición, hicieron hogueras con los libros que encontraron en las bibliotecas.

Empezó entonces la caza al hombre y con ella una serie de crímenes que no tienen precedentes en la historia humana. Sólo en los pueblos de Pollensa y Manacor encontraron alguna resistencia los fascistas; ésta fue por parte de los Carabineros, que después de heroica lucha fueron vencidos por el enemigo.

Sin armas, sorprendidos por la rapidez de los acontecimientos y además poco entrenados en las luchas sociales, a los trabajadores de Palma sólo les quedaba un recurso heroico: declarar la huelga general, paralizando todas las actividades de la isla. Y esta huelga general, que constituye una verdadera epopeya si tenemos en cuenta la situación del proletariado de Mallorca, duró veintidós días, pero al cabo de ellos hubieron de rendirse ante la crueldad del enemigo. Las autoridades fascistas ordenaron a sus agentes que fueran de casa en casa para obligar a los obreros a que se reintegraran al trabajo, y para conseguir sus propósitos fusilaron a cinco camaradas que dignamente dijeron no estar dispuestos a trabajar para los miserables que había implantado en Mallorca un régimen de terror y barbarie.

HAN SIDO FUSILADAS 5.250 PERSONAS

¿Dudaréis cuando os diga que en Palma de Mallorca han sido fusilado en cuatro meses 5.250 trabajadores? ¿Cómo? Ahora os lo explicaré:

La «Casa del Pueblo» fue ocupada por los fascistas, que en ella instalaron el cuartel general de Falange Española, dándole el nombre de Casa Primo de Rivera. En los primeros días del movimiento se limitaron a detener a los trabajadores más significados en las organizaciones obreras, llevándoles a su cuartel general, donde después de insultarles y apalearles les obligaban a beber medio litro de aceite de ricino.

Estos obreros eran enviados a la cárcel y a los barcos que se encontraban anclados en el puerto, pero en poco tiempo las prisiones eran insuficientes, ya que el número de detenidos se elevaba a muchos millares.

A principios de Agosto llegó a Mallorca esa figura trágica que se llama Conde Rossi. Yo no sé si en realidad es un conde y si su verdadero nombre es el de Rossi, pero sí puedo afirmar que es un verdadero tipo de bandolero. Al contemplarle, pasa por nuestra imaginación la idea de que es uno de aquellos salteadores de Calabria que hemos leído en las novelas populares.

El Conde Rossi dijo a los fascistas que sus procedimientos eran ineficaces, ya que las cárceles costaban mucho dinero y el régimen fascista no debía hacer sacrificios para mantener a sus enemigos. El mejor sistema —dijo Rossi— es eliminarlos; así desaparece el peligro y el Estado se libra de una carga penosa.

Ya hablaremos ampliamente de este personaje funesto.

EL AUTO DE LA MUERTE

Hasta el día 18 de Noviembre, fecha en que conseguí escapar del infierno fascista de Mallorca, sólo en la capital del archipiélago habían sido asesinados bajo la dirección del Conde Rossi 3.250 trabajadores. Esto sólo en Palma de Mallorca; si hablamos de Sóller, de Alcudia, de Campos, Manacor, Pollensa, etc., el número de asesinados se eleva a la enorme cifra de 5.250.

¿En qué forma se han cometido estos asesinatos? Es algo brutal que el ensañamiento llegue a esos extremos de crueldad en una población que ni siquiera pudo disparar un solo tiro contra esos miserables; una población que no pudo defenderse porque no tenía medios para ello.

Fue la venganza fría, cobarde, premeditada; fue la demostración de lo que es en realidad el fascismo español, que ha superado en crueldad a otros países, como Italia, Alemania, Cuba, Chile, Perú y cuantos han instaurado ese régimen maldito.

Pues bien; había un auto trágico, al cual llamaban *El auto de la Muerte*. Este auto salía de madrugada. Iba por los barrios extremos de Palma donde viven los trabajadores, los humildes; donde sabían que sólo podían encontrar una maldición, una mirada de desprecio, de terror y de odio.

Los hombres eran arrancados de sus hogares, los conducían al cuartel general de Falange; allí les insultaban, les escarnecían, les obligaban a dar gritos de Arriba España, y después, empleando los métodos italianos, les hacían ingerir medio litro de aceite de ricino.

Cometida esta infamia, les conducían otra vez al auto, amarrados de dos en dos, y el auto marchaba con las luces apagadas hasta la carretera próxima al cementerio. Una vez allí les hacían bajar para fusilarles cobardemente, por la espalda. Después de asesinarles, de saquearles, le arrancaban los ojos y les mutilaban el rostro a golpes de machete para que nadie pudiera reconocerles.

Hay quien afirma que estas torturas las ponían en práctica antes de fusilar a los desgraciados; yo no pude comprobar este extremo, pero sí aseguro que los cadáveres aparecían horriblemente mutilados.

Un día me aventuré a acudir al cementerio acompañando a una familia que tenía un hijo asesinado. Vi sobre la losa fría catorce cadáveres; nadie podía reconocerles, eran piltrafas humanas. Estaban desnudos, llenos de tierra, los ojos fuera de las órbitas, el rostro lleno de golpes de machete. Uno de ellos tenía un puño cerrado, apretando de forma trágica entre sus dedos crispados un puñado de hierba.

Hay en las cárceles de Palma de Mallorca, en el castillo, en los barcos andados en el puerto y en una cárcel nueva que han tenido que construir, porque ya no había dónde meter a tantos prisioneros, más de 6.000 hombres. Entre ellos se encuentran 270 guardias civiles y carabineros y cerca de 100 soldados catalanes.

ELIMINADOS LOS HOMBRES, SE PERSIGUE A LAS MUJERES

Asesinados o detenidos todos los hombres que podían ser un obstáculo para el fascismo, los sicarios de Palma iniciaron una persecución feroz contra las mujeres del pueblo.

La barriada de la Libertad, donde viven en su mayoría los trabajadores, fue teatro de actos de verdadero vandalismo. En esta barriada establecieron los falangistas un cuartel general, a cuyo frente se encontraba un individuo llamado Reverter, muy conocido por su crueldad.

Cada noche eran detenidas y conducidas a ese cuartel general treinta o cuarenta mujeres que ellos consideraban de ideas avanzadas. Allí, después de cortarles el pelo y obligarlas a beber medio litro de aceite de ricino, las metían en camiones y las paseaban por las calles de Palma para divertir a las hienas fascistas.

Terminada esta infamia, les anotaban los nombres y domicilios, diciéndoles que quedaban en la obligación de acudir a misa tres veces por semana, bajo la amenaza de someterlas a un castigo más severo, que podía culminar en la prisión o la muerte.

DESPUÉS DEL TERROR, EL HAMBRE, LA RUINA ECONÓMICA

Mallorca tiene sus mejores mercados en Levante y Cataluña. De estas regiones importa las materias primas indispensables para el desenvolvimiento de sus industrias y a ellas envía también la mayor parte de sus productos.

Triunfante el fascismo en la isla, y en virtud del bloqueo, la crisis de trabajo, que ya era intensa, asumió caracteres alarmantes, provocando entre el proletariado el hambre y la desesperación; esto, unido al terror imperante, hace que su situación sea insostenible.

En poco tiempo se agotaron los artículos de primera necesidad, entre ellos el arroz, la harina, el café, el azúcar, los medicamentos, el aceite y muchos otros indispensables para la vida de la población.

El Ayuntamiento creó unos comedores económicos, en los cuales servían a los sin trabajo un poco de sopa con moniatos; esto era un verdadero escarnio a la miseria, pero muchos desgraciados lo aceptaban para no morir lentamente de hambre.

Exceptuando los servicios públicos, puedo asegurar que el trabajo en Mallorca está totalmente paralizado, lo que determina que el proletariado esté sometido a la miseria más espantosa.

EL ROBO, MÉTODO DE GOBIERNO

Para atender a las necesidades de la guerra el Comandante Militar de Mallorca publicó un bando ordenando que en un plazo no superior a 72 horas, todos los que tuvieran en su poder alhajas, monedas de oro, papel moneda extranjero, o algo que tuviera un valor efectivo para el intercambio internacional, habían de entregarlo, so pena de ser detenido, incautado lo que se encontrara en su domicilio y sometido a la ley militar. Que era tanto como ser fusilado.

Después, para cubrir estos robos y darle forma legal, decían en los periódicos: «Listas de los donativos entregados en la Delegación de Hacienda, por los habitantes de Palma de Mallorca, que están dando pruebas de su gran patriotismo y amor a la causa nacional».

Antes mismo de expirar el plazo de 72 horas los militares rebeldes tomaron grandes precauciones para impedir que nadie pudiera ocultar sus valores.

Primero acudieron a las casas de préstamo, donde se incautaron de todo cuanto representaba algún valor. Después fueron a los establecimientos bancarios, donde or-

denaron que a nadie en absoluto entrega-
ran un solo céntimo, sin que para ello pre-
sentaran una autorización del comandante
militar.

Por último, grupos de falangistas se dedicaron a efectuar registros domiciliarios
para proceder a la incautación de lo que no
se había entregado voluntariamente y detener a los infractores.

Muchas familias humildes, que para no
sucumbir de hambre habían empeñado pe-
queñas alhajas, fueron despojadas de ellas
por los fascistas, y como un insulto a su
propia miseria, la prensa local publicaba
sus nombres, declarando que las habían
ofrecido voluntariamente para el movimiento nacional.

Este robo descarado provocó un males-
tar profundo entre la población de Mallorca, incluso entre aquellos que en el primer
momento apoyaban el movimiento militar.

Una compañera que prestaba sus servicios como cocinera en casa de uno de los burgueses más conocidos de Palma, escuchó un día estas palabras, dirigidas a un amigo de su patrono que allí había acudido a visitarle: «Esta gente nos ha engañado miserablemente. Para contar con nuestro apoyo decían que los rojos se dedican al robo, al pillaje, al asesinato, sembrando en todas partes el dolor y la muerte.

Ahora resulta todo lo contrario. En nombre del orden y de la Patria nos han quitado el oro, la plata, reteniendo incluso los depósitos que tenemos en los bancos, ya que ni siquiera permiten que retiremos lo indispensable para cubrir nuestras necesidades. Más valía que no nos hubiéramos metido en esta aventura, pues con la República, aunque tuviera un matiz izquierdista, nuestros derechos estaban asegurados».

EL ESTAMPILLADO DE BILLETES

Cuando el célebre Gobierno de Burgos ordenó el estampillado de billetes de banco, el comandante militar de Palma publicó un bando ordenando que éstos fueran presentados en la Delegación de Hacienda en el plazo improrrogable de ocho días. Esta medida sirvió a los fascistas de Mallorca para llevar a cabo una nueva estaba. Veamos: como al expirar el plazo marcado los billetes no estampillados carecerían de valor, los que poseían alguno se apresuraron a presentarlos.

Cuando llegaban a la Delegación y entregaban sus billetes, lejos de estampillarlos al momento, les daban un recibo indicando la cantidad depositada, diciéndoles que volvieran a recogerla en el plazo de ocho días. Pues bien: cuando volvían por sus billetes les entregaban apenas un 75 por ciento, declarando que el 25 por ciento restante quedaba para el movimiento nacional.

Así, pues, el que, por ejemplo, había entregado 2.000 pesetas en billetes a fin de legalizarlos con el membrete que dice ¡Arriba España!, recibía apenas 1.500 pesetas y un recibo que decía: «Recibimos de Don Fulano de Tal la cantidad de 500 pesetas como donativo para el Movimiento Nacional de Salvación de España».

He aquí el procedimiento que ponen en práctica los fascistas para procurarse el dinero que necesitan, dinero que emplean para asesinar a los trabajadores españoles.

LA EXPEDICION DE BAYO

A principios de Agosto llegó a Palma la noticia de que las islas de Cabrera, Ibiza y Formentera habían sido ocupadas por las fuerzas leales y que éstas se preparaban para hacer un desembarco en Palma de Mallorca.

Un gran pánico se apoderó de los fascistas mallorquines, ya bastante desmoralizados por los fracasos que sus huestes habían sufrido en Barcelona, Madrid y Levante.

Días después era el Comandante Militar, Coronel García Ruiz, quien desde Radio Mallorca comunicaba al pueblo con voz emocionada, en la cual demostraba un miedo fantástico, que los rojos —así nos llaman— habían conseguido desembarcar en Porto-Cristo.

Entre la clase trabajadora y los elementos de izquierda, la noticia causó una alegría profunda, pues dado el pavor imperante entre los rebeldes, creían llegada la hora de la liberación.

Yo me encontraba a ochenta kilómetros de Porto Cristo y no quiero emitir juicios que pudieran ser injustos. Sin embargo, los que conocen a fondo la isla de Mallorca y seguían paso a paso las operaciones de los rebeldes, afirman que Palma pudo caer en poder de los nuestros en un plazo no superior a diez días.

Veamos estas razones. Manacor estaba en aquellos momentos casi desguarnecida, pues los fascistas no esperaban que por aquel sitio se pudiera intentar un desembarco. Si tenemos en cuenta que Manacor es la población más importante de la isla, como también la más izquierdista de todas, y que carecía de fuerzas suficientes para defenderla, no es aventurado afirmar que si los nuestros la atacan en el primer momento la guarnición se hubiera rendido sin la menor resistencia. Es más; cuando los nuestros desembarcaron, en Palma no existía un solo avión; prueba de ello es que durante diez días los hidros leales visitaban diariamente la capital, sembrando el pánico entre los rebeldes. Y durante ese tiempo, los nuestros se dedicaron a hacer operaciones en la costa, ocupando pequeños pueblos sin importancia, como Son Servera y Son Carrió. ¿Por qué no se hizo el ataque a Manacor, que dista apenas diez kilómetros de Porto-Cristo? No soy yo el que debo discutirlo.

Lo cierto es que los rebeldes aprovecharon este tiempo para movilizar nuevas quintas, fortificar y guarnecer Manacor y traer de Italia los hidros, trimotores y cazas que habían de emplear para ametrallar a los nuestros y asegurar la defensa de la isla.

Con todo esto los rebeldes no consiguieron elevar la moral de los suyos: los hombres que movilizaban eran en su mayoría padres de familia; dejaban sus hogares en ruinas y, por consiguiente, marchaban al frente de mala gana, dispuestos a pasar a las filas leales en el momento más oportuno.

Cuando todo estaba preparado para dar un golpe de muerte a los fascistas de Mallorca, se ordenó la retirada de los nuestros. Retirada que causó profunda decepción entre los trabajadores de Palma y alentó al enemigo para perseguirles con mayor crueldad.

Pero hagamos punto final sobre este episodio y sigamos nuestro relato, hablando de la intervención extranjera.

LA OCUPACION ITALIANA

No hablaré de la influencia italiana en
Baleares y sí de la ocupación del archipiélago por los italianos, porque queramos o no,
Palma de Mallorca, Cabrera, Ibiza y Formentera son hoy verdaderos feudos del Imperio de Mussolini.

Veamos cómo se llevó a cabo esta ocupación: Desde que se inició el movimiento
fascista en Mallorca aparecía semanalmente
en la isla un hidro italiano que hacía el ser-
vicio postal entre Palma y Génova. En ese
hidro hizo varios viajes el hijo del célebre
contrabandista Juan March, principal responsable de la guerra civil que hoy sufri-
mos en España. Era él, quien de acuerdo
con los rebeldes, hacía las gestiones necesa-
rias para conseguir en Italia el material de
guerra, y fue él también quien con el concurso del Marqués de Sayas, conquistó el

apoyo de esa figura negra que se llama Conde Rossi.

A los diez días de haber desembarcado la columna de Bayo apareció en la isla ese hidro-fantasma y con él tres potentes hidros para los facciosos.

Poco después, y coincidiendo con una nueva visita del célebre hidro, llegaron seis trimotores de bombardeo y tres cazas italianos, y con ellos cuarenta aviadores e igual número de mecánicos. Llegó también por ese tiempo a Palma de Mallorca un buque mercante italiano custodiado por un crucero ligero de la misma nacionalidad, desembarcando en el puerto gran cantidad de material de guerra. Pero Italia no se limitó a enviar material de guerra; hizo más aún: montó en Mallorca una fábrica de armas bajo la dirección de técnicos militares, y en esa fábrica se construyen proyectiles para cañones y las potentes bombas de 100 y 150 kilos, que esos miserables emplean para asesinar a los ancianos, las mujeres y los niños de España.

En el puerto de Palma de Mallorca, desde que se inició el movimiento militar, han permanecido siempre un acorazado y tres cruceros ligeros italianos. Esos buques no se limitaban apenas a estar anclados en el puerto, sino que vigilaban la costa, hacían señales a los barcos piratas y protegían el contrabando de armas.

Completando este plan de intervención, el fatídico Conde Rossi asumió la dirección suprema del ejército rebelde, y de la aviación se encargó un comandante, también italiano, que se llama Marcotti.

Diariamente bajaban a tierra los marinos italianos, quienes, formando grandes grupos con las señoritas de Falange, paseaban por las calles de la ciudad haciendo del saludo fascista y cantando alegremente la «Giovenezza», el célebre himno de las camisas negras.

Para mayor escarnio, los falangistas, los sicarios del Tercio mallorquín y muchos soldados, llevaban sobre el pecho las banderas monárquicas e italiana, y en la cintura el simbólico puñal que recuerda la época negra de los Borgia.

En las vitrinas de los grandes establecimientos había retratos de Mussolini y del Conde Rossi, adornados con las banderas española e italiana. En una palabra: Palma era algo parecido a Addis Abeba, capital del desdichado Imperio etíope.

LAS PROPAGANDAS DEL CONDE ROSSI

Cuando había desfile militar, el Conde Rossi marchaba al frente de las milicias fascistas montadas a caballo. Hablaba todas las semanas desde el micrófono de Radio Mallorca. Asistía a las funciones de teatro, haciendo discursos inflamados, en los cuales manifestaba su odio profundo al pueblo catalán. Después le encargaron de ir de pueblo en pueblo en misión de propaganda fascista. En un discurso que pronunció en el pueblo de Sóller dijo lo siguiente:

"...Italia y España son hermanas de raza, de ideas y de religión. La cultura, la civilización y el engrandecimiento de la raza latina exigen que exterminemos hasta el último marxista, y, si es necesario, mataremos a padres, madres y a hijos, para que esta semilla maldita no fructifique...".

ROSSI AMENAZA A FRANCIA

En otro discurso, pronunciado en el pueblo de Manacor, hizo esta afirmación, que tiene una gravedad extraordinaria y que todo el pueblo mallorquín conoce, pues se dio a luz en los periódicos fascistas:

«...Hemos reconquistado Ibiza, después conquistaremos Mahón y por último nos apoderaremos de Cataluña. Una vez conquistada Cataluña, instauraremos el régimen fascista en toda España. Después —continuó afirmando el Conde Rossi— triunfante el fascismo en España, colocaremos a la Francia democrática en situación crítica, porque entre Alemania, Italia y España formaremos un círculo de hierro y podremos restaurar en Europa el antiguo Imperio Romano, que era orgullo de toda una raza».

LA CONCIENCIA UNIVERSAL ESTÁ ATROFIADA

La conciencia universal no ha querido enterarse de estas verdades, a pesar de conocerlas, porque en Palma hay representantes de Inglaterra, de Francia, de los Estados Unidos, y como yo, mejor que yo, porque estaban en plena libertad, podían contemplar las maniobras del fascismo italiano. ¿Qué han hecho los representantes extranjeros en Palma de Mallorca frente a estas vergüenzas que atentan contra todo principio de cultura, de civilización y de todos los derechos internacionales? Veamos: Francia es el país de la democracia. Francia hizo la Revolución del 1789, iniciada con la toma de la Bastilla, promulgando los Derechos del Hombre y del Ciudadano. Francia hizo la Revolución de 1848 y más tarde, en 1871 marcaba una epopeya gloriosa con la Commune de

París, ahogada en sangre por el fatídico Casimiro Thiers. Francia está gobernada, estaba gobernada el día 19 de Julio, por un gobierno a cuyo frente se encuentra León Blum, que se dice representante de los trabajadores franceses.

Y esta Francia, olvidando su pasado glorioso, no se colocó desde el primer momento, como era su deber, al lado de los trabajadores españoles. Es que, aun bajo el punto de vista internacional y defendiendo sus propios intereses, Francia debía comprender que el triunfo del fascismo en España sería un golpe de muerte contra su propia independencia y la colocaría, como dijo el Conde Rossi en Mallorca, en una situación crítica, porque ¿qué podría hacer Francia si Alemania, Italia y España fascistas trataran de atacarla para anularla como país libre?

EL GRAN ERROR DE FRANCIA
Y DE INGLATERRA

Pues bien; ni aun teniendo en cuenta estas razones fundamentales, basadas en el propio instinto de conservación, Francia e Inglaterra no se colocaron a nuestro lado para hundir definitivamente las ambiciones imperialistas del fascismo. Y estas vacilaciones de ambos países, demostradas ya anteriormente en la Sociedad de Naciones cuando Mussolini se lanzó a la aventura etíope, determinaron el que Alemania ocupara el archipiélago canario e Italia se apoderara de Palma de Mallorca.

Los italianos quieren que Inglaterra y Francia les reconozcan como legítima la conquista de Abisinia, y la forma de obligar a Francia y a Inglaterra a que reconozcan el nuevo Imperio es poner en peligro sus intereses, ¿Por qué? Porque Italia sabe, y lo sabe también Inglaterra, que al Imperio británico de nada le servirían Gibraltar, Malta, ni el Canal de Suez, si el archipiélago balear está en poder de los italianos. Y sabe Francia también que si la isla de Menorca cae en poder de los italianos, sus relaciones con las colonias del África están en peligro.

Esta conducta vacilante de Francia e Inglaterra ha determinado que Italia y Alemania lleven su audacia al extremo de enviar sus soldados a España y a Marruecos, agravando aún más la situación, ya que ponen en peligro, no sólo la paz de Europa, como también de todo el mundo.

LA RECONQUISTA DE IBIZA

Hecho brutal que demuestra de forma elocuente la descarada intervención de Italia a favor de los rebeldes fascistas.

Poco después de abandonar los nuestros la isla de Mallorca, el Estado Mayor fascista anunció con gran revuelo que sus fuerzas se disponían a reconquistar la isla de Ibiza, que aún estaba ocupada por las milicias populares. Veamos cómo fue reconquistada la isla de Ibiza por los facciosos.

Había en Palma de Mallorca tres barcos mercantes de la Compañía Trasmediterránea. Eran ellos el *Ciudad de Palma*, el *Jaime I* y el *Mallorca*. Estos tres barcos fueron pintados de negro, colocándoles la bandera italiana. Al *Ciudad de Palma* le pusieron el nombre de *Calabria*, y en él embarcaron los falangistas y fuerzas del Tercio mallorquín, integrado por todos los maleantes de la isla.

De noche, y con las luces apagadas, salieron estos barcos de Palma de Mallorca,

custodiados por tres buques de guerra italianos, que les protegieron y acompañaron
hasta la mencionada isla. Pero no se limitaron a acompañarlos apenas, ya que podemos afirmar —y esto está plenamente
confirmado— que en Ibiza, además de los
falangistas y el Tercio, desembarcaron marinos italianos bajo la dirección del Conde
Rossi. Recuerdo que dos días después de la
ocupación de Ibiza, el diario fascista *Últi-
ma Hora*, publicaba un parte que decía así:

«Nuestras valientes tropas, apoyadas
por la marinería, después de una acción
brillantísima, han reconquistado la hermosa isla de Ibiza, que estaba sometida a la
barbarie roja».

Firma *El Conde Rossi*.

Prueba más evidente de la intervención italiana no puede presentarse a la conciencia internacional.

COMO HABLAN LOS OBISPOS

Es un hecho conocido en toda Mallorca, que el reparto de armas a los elementos fascistas de la isla se hizo en el interior de las iglesias y conventos. Triunfante el movimiento en Palma, colocaron ametralladoras en las torres y azoteas de estos edificios, que estaban fuertemente guarnecidos por soldados y falangistas. En la Casa del Pueblo, trasformada en cuartel general de Falange Española, se celebraban misas diariamente y a ellas acudía el Obispo de Palma para bendecir a sus huestes de asesinos. Al terminar una de estas misas, el célebre Obispo pronunció desde el micrófono de Radio Mallorca la siguiente alocución:

«Si queremos honrar a Dios y defender la Santa Religión Católica, Apostólica y Romana, es necesario que, dejándonos de sentimentalismos, exterminemos hasta el último marxista, porque los marxistas —afirmó el Obispo— no son ni cristianos, ni españoles».

BARBARIE FASCISTA Y GENEROSIDAD DE NUESTROS MILICIANOS

Los fascistas, en sus propagandas, afirmaban siempre que en las regiones ocupadas por nosotros se cometían crímenes abominables. El *Correo de Mallorca* llegó a decir en una de sus crónicas, que en Barcelona los niños eran asesinados y colgados de los balcones, las monjas violadas y quemadas vivas, que el robo y el pillaje eran nuestra única preocupación, y muchas cosas más que causaban pavor a quienes las leían.

La conducta de nuestros milicianos durante el tiempo que estuvieron en Mallorca, demostró de forma palmaria la falsedad de estas afirmaciones, que tenían como única finalidad el propósito de desprestigiar nuestra causa.

Al día siguiente de desembarcar los nuestros en Porto Cristo, se presentaron en Palma siete monjas que prestaban servicios en un convento de dicho pueblo. Entre los fascistas causó sorpresa la llegada de estas monjitas, pues creían que los nuestros las asesinarían.

Al preguntarles cómo habían podido escapar a la furia roja, ellas espontáneamente contestaron lo siguiente:

«Cuando desembarcaron en Porto-Cristo, nos reunieron a las siete, preguntándonos si queríamos quedar entre ellos para servir de enfermeras en los Hospitales de Sangre, o si por el contrarío queríamos regresar a Palma de Mallorca. Manifestamos nuestro deseo de volver a Palma, y ellos, sin el menor insulto o agravio, nos dejaron en absoluta libertad, ofreciéndonos antes de marchar un vaso de café con leche a cada una».

Igual conducta observaron los nuestros con los campesinos que encontraron en Porto-Cristo, Son Carrió y Son Servera, y fue tan elevada la generosidad de los milicianos del pueblo, que estos campesinos, en su mayoría, les acompañaron voluntariamente a Mahón cuando se ordenó la retirada.

DIFERENCIA DE TRATO

El Comandante Militar de Palma dijo a sus soldados cuando marcharon al frente a combatir con los nuestros: «Cuando regreséis a la ciudad con la victoria, no quiero que traigáis ni heridos, ni prisioneros: los rojos que caigan en vuestras manos los liquidáis al momento».

Esta consigna fue cumplida fielmente por aquellos miserables que dieron largas a su crueldad. Veamos: Treinta y nueve milicianos, hechos prisioneros días antes de la retirada; fueron fusilados junto al muro del cementerio de Manacor. La orden de fuego fue dada por el cura párroco de aquella localidad.

Este cura se distinguió en el pueblo por sus infamias, pues dicen testigos presenciales que él fue quien dirigió la persecución contra los elementos de izquierda, ordenando los asesinatos, que en Manacor se elevaron a la enorme cifra de, seiscientos cincuenta, entre ellos, muchas mujeres y ancianos.

PEOR QUE LAS HIENAS

Hay un hecho repugnante que demuestra la crueldad sin nombre de los fascistas. Quedó en Porto-Cristo un joven miliciano de Albacete, muchacho de diecinueve años; este compañero estaba herido en una pierna. Cuando vio que era imposible escapar porque estaba herido y distante de la playa, rogó a un soldado fascista que se le aproximó, que le llevara a presencia del oficial más próximo. Al llegar donde estaba el oficial, que era un capitán de infantería, este compañero miliciano le dijo: «Estoy herido; yo espero que cumpliendo lo que determinan las leyes de guerra, me curaréis, aun cuando me conservéis como prisionero».

El capitán le miró con sonrisa irónica y llamando a uno de los legionarios del Tercio mallorquín, le dijo: «Te regalo este miliciano, es tuyo».

El legionario se aproximó a nuestro camarada y a bocajarro le disparó tres veces la pistola sobre la cabeza. Después, con ensañamiento bárbaro, le acribilló el cuerpo a golpes de machete y le dejó exánime sobre el suelo.

Ya se marchaba, ya había cumplido su misión trágica, pero dándose un golpe en la cabeza, volvió hacia atrás y dijo: «Me he olvidado algo». Y al llegar donde estaba su víctima, le abrió brutalmente la boca. Al preguntarle el capitán para qué abría la boca al miliciano, el feroz legionario contestó cínicamente: «Es que muchos de estos malditos rojos llevan dientes de oro, y como el botín es mío, vaya a ver si tiene alguno para llevármelo».

Otro hecho que demuestra la barbarie fascista es el siguiente: En la isla de Cabrera no existen casi habitantes apenas unos cuantos pescadores y dos mujeres, esposa e hija de uno de ellos. Los nuestros, al ocupar esta pequeña isla: las trataron con respeto y cariño, ofreciéndoles cuanto tenían. Cuando los fascistas reconquistaron Cabrera allí encontraron a las dos mujeres que no ocultaban su agradecimiento a los nuestros. El comandante faccioso, indignado por estas declaraciones, que demostraban la generosidad de los milicianos, dijo a las mujeres que habían de firmar un documento afirmando que ambas habían sido brutalmente maltratadas por los rojos, y que la joven fue además violada por uno de los nuestros. Como ellas se negaron a firmar este documento, porque les repugnaba cometer tal injusticia, el jefe faccioso ordenó que las fusilaran. El esposo y padre de estas desgraciadas se encuentra en Mahón y podrá —si ello es necesario— confirmar este hecho monstruoso, que pone de relieve el contraste que existe entre la conducta que observan las hienas del fascio y la generosidad de los nobles milicianos del pueblo.

Afirmaron también los fascistas que en los pueblos ocupados por los milicianos, estos se habían dedicado al robo y al pillaje. Más tarde, todos los objetos robados fueron encontrados en los domicilios de los legionarios del Tercio mallorquín.

LA DETENCION DEL VAPOR *CIUDADELA* Y EL BOMBARDEO DE ROSAS

En los últimos días de mi permanencia en Palma de Mallorca ocurrieron dos hechos que demuestran la crueldad del fascismo y su alianza descarada con la reacción internacional. Son ellos, la detención del *Ciudadela* y el bombardeo de la ciudad de Rosas.

Yo tengo la seguridad de que los fascistas de Mallorca, apoyados por los italianos, intentaban un desembarco en las costas de Cataluña, esto ya lo había anunciado en sus discursos el célebre Conde Rossi.

Días antes del bombardeo, se afirmaba en Palma que los fascistas buscaban voluntarios a fin de organizar una columna destinada a marchar sobre Barcelona. Es posible que hubiera en esto algo de fantasía, sin embargo, yo creo que los catalanes han de estar alerta, pues ya sabemos hasta dónde llega la audacia de Italia y de Alemania. Veamos. Dos días antes del bombardeo salieron de Palma dos barcos con tropas, sin que ni se supiera a qué punto se dirigían. El mismo día que la Radio Barcelona anunciaba: el bombardeo de Rosas, los periódicos de Palma de Mallorca decían en grandes titulares: «Una fuerte columna de fuerzas nacionales protegida por nuestra escuadra; ha desembarcado en las costas catalanas».

Esto nos demuestra que en realidad se intentó el desembarco en Rosas y que este no se llevó a cabo por la rapidez y energía con que actuaron las organizaciones de aquella región.

Aquella misma mañana, el crucero *Canarias* se presentó inesperadamente en Palma de Mallorca, y poco después regresaban también los barcos mercantes que días antes habían salido conduciendo la columna rebelde. Por cierto, que ese buque pirata se presentó con averías de alguna consideración, y que según afirmaban, les fueron producidas por la aviación leal. El *Canarias* permaneció en Palma una hora apenas, marchando después con rumbo desconocido.

¿Qué había de cierto en todo esto? Es difícil hacer una afirmación segura, pero lo prudente es estar prevenidos para evitar alguna sorpresa desagradable.

EL *CIUDADELA*

¿Fue el *Canarias* quien aprisionó al vapor *Ciudadela*? En Palma se afirmó que fue un crucero ligero italiano ayudado por la aviación.

La prensa fascista publicó la noticia en la forma siguiente: «Un barco de guerra de la escuadra nacional ha detenido al vapor *Ciudadela*, que salió de Mahón con dirección a Valencia. Llevando a bordo ocho alféreces, veinte mil pesetas en metálico y gran cantidad de víveres, compuesta en su mayoría de huevos, quesos y aves. El barco ha sido conducido al puerto de Sóller y sus tripulantes, detenidos por nuestras autoridades, serán juzgados por los tribunales militares».

En efecto, a los pocos días sabíamos, con dolor, que todos habían sido fusilados por traidores a la causa de España, exceptuando dos mujeres y un niño de corta edad, que ingresaron en la cárcel.

Si fue el *Canarias* quien aprisionó al *Ciudadela*. ¿Quién le comunicó su salida de Menorca? Esto confirma lo que expongo en capítulos anteriores, y es: que los barcos italianos vigilaban la costa dando los informes necesarios a los barcos piratas, ya que estos jamás se atrevieron a aproximarse a Mahón, cuya vigilancia y defensa son formidables.

NUESTRA FUGA DE MALLORCA

El martirio que hubimos de soportar durante nuestra permanencia en Palma de Mallorca, no es cosa que pueda interesar en estos momentos. Son muchos los dolores que ha sufrido el pueblo español para que contemos nuestros sacrificios. Contaré apenas nuestra fuga del infierno fascista para exponer el contraste que existe entre el infierno mallorquín y la heroica isla de Menorca, cuyos habitantes, con un valor extraordinario, consiguieron vencer en pocas horas a las hordas rebeldes que allí intentaron imponer su tiranía.

Once camaradas, a bordo de un pequeño barco de cinco metros, de los destinados a la pesca, salimos de Mallorca en la mañana del 18 de noviembre. Durante el día permanecimos dentro de la bahía, y a las seis de la tarde, aprovechando la oscuridad, conseguimos pasar entre los fuertes, emprendiendo la huida. A las cuatro de la madrugada llegamos a la isla de Cabrera, hoy en poder de los rebeldes. Como era peligroso seguir el viaje, ya que al amanecer nos encontraríamos fatalmente frente a Manacor y seríamos descubiertos por los aviones, decidimos desembarcar en una de las islas desiertas que allí existen para esperar la noche y continuar el viaje. A las seis de la mañana hubimos de ocultar precipitadamente al oír el ruido de los aviones que vigilaban la costa, ya que de ser descubiertos seríamos fatalmente detenidos y fusilados. Por la noche iniciamos otra vez la marcha en dirección a las costas de Menorca. A las diez de la noche nos sorprendió un terrible temporal, tan formidable que fue casi imposible dominar nuestra pequeña embarcación, que marchó a la deriva durante toda la noche.

El viento era desfavorable y a las seis de la mañana vimos, con dolor, que en vez de estar en las costas de Menorca el temporal nos había conducido otra vez a Mallorca y estábamos a cinco millas de Felanitx. No era caso de retroceder, la lucha entablada podría conducirnos a la libertad o a la muerte, y apartándonos precipitadamente de la costa hicimos rumbo en dirección a Mahón.

Quizás debido al mal tiempo, los aviones fascistas no se levantaron ese día, circunstancia que contribuyó a nuestro salvamento.

Siempre acosados por el temporal, seguimos el viaje lleno de esperanza, confiando en nuestra suerte y dispuestos a morir en pleno océano antes que caer en las garras del enemigo. Por fin, a las cuatro de la madrugada del día 21, setenta y dos horas después de haber salido de Mallorca, entrábamos en la bahía de Ciudadela, y un suspiro de alivio se escapó de nuestros pechos.

Mahón era para nosotros la libertad, la vida plena. A las cinco de la mañana desembarcamos, recibiendo los abrazos cariñosos de nuestros hermanos. Fueron momentos de emoción, momentos que jamás olvidaremos en nuestra vida. En aquellos minutos, entre seres queridos, que como nosotros luchan por la libertad, olvidamos todo el calvario de esos cuatro meses de dolor y tragedia.

Después de secar nuestras ropas y darnos alimentos para reconfortar nuestros organismos, debilitados por un viaje terrible, las autoridades de Ciudadela pusieron autos a nuestra disposición para conducirnos a Mahón, donde el proletariado nos recibió con grandes muestras de cariño y simpatía.

MENORCA LA HEROICA

Un mes permanecí en Mahón. Yo no encuentro palabras para demostrar mi agradecimiento a aquel pueblo heroico, cuya conducta constituye un ejemplo sublime para los luchadores de la libertad. Sometido a un bloqueo terrible, careciendo muchas veces de lo indispensable para cubrir sus necesidades, el pueblo de Menorca, lejos de desanimar, luchaba cada día con mayor entusiasmo para vencer a las hordas malditas del fascio. Mucho podrían aprender los hombres de nuestra retaguardia de los trabajadores de Mahón. Allí todos se han impuesto un deber supremo: trabajar sin descanso para la guerra y para la revolución. Espontáneamente, todos los hombres útiles, de los dieciocho a los cincuenta años, se han movilizado, acudiendo sábados y domingos a los cuarteles para aprender la instrucción militar. Todos conocen ya el manejo del fusil. Todos son soldados y proletarios a la vez. Los sábados por la tarde y los domingos durante todo el día, los que no tienen que acudir a los cuarteles para hacer la instrucción empuñan las herramientas del trabajo y prestan su concurso gratuitamente en las obras de fortificación de la isla.

Mahón es inexpugnable. En aquella roqueta heroica el fascismo internacional no pondrá jamás sus pies. Lo impedirán sus formidables fortificaciones. La fortaleza de La Mola, los magistrales cañones del 38, del 31, del 24, lo impedirán sus recursos naturales. Lo impedirá, en fin, el heroísmo de un pueblo que quiere vivir libre y humanamente.

Un día dije en un mitin celebrado en aquella ciudad: «La isla de Menorca es, en pleno Mediterráneo, el centinela vigilante de la libertad».

Digamos con orgullo, y como homenaje supremo al valiente pueblo de Mahón, que entre las trece islas que integran los archipiélagos canarios y balear, Menorca es la única que en una gesta sublime consiguió vencer a las hordas bárbaras del fascio, levantando en lo más alto de sus montañas la bandera gloriosa de la libertad y la justicia. Que el proletariado de España no olvide nunca a aquellos hermanos, queridos.

EPÍLOGO

Trabajadores de España: Con palabra sencilla, pero llena de sinceridad, os he expuesto los crímenes sin nombre que el fascismo internacional ha cometido en la hermosa y fertilísima isla de Mallorca. Ello os demuestra de forma elocuente lo que es ese régimen maldito, lo que sería España si esos miserables consiguieran vencer para imponeros sus métodos de barbarie y tiranía. Vivir en régimen fascista sería retroceder a los tiempos ignominiosos de la Santa Inquisición. Fascismo es terror, hambre, tiranía, supresión de todas las libertades. El fascismo atenta contra la cultura, la civilización, contra todos los derechos humanos. El fascismo es, en fin, el hacha maldita del verdugo. La muerte lenta y cruel en los campos de concentración. Hay que vencerle cueste lo que cueste.

Tengamos valor para olvidar todas las discordias.

Ahoguemos en nuestras almas todas las pasiones. Aunemos nuestros esfuerzos, y como hermanos de explotación y de tiranía, luchemos como un solo hombre para vencer al enemigo y levantar sobre las ruinas de esta pobre España, donde ellos han sembrado el dolor y la muerte, el edificio grandioso de la Revolución Social.

Nuestro odio hacia los cobardes. Hacia aquellos que olvidando el momento histórico que vivimos, tratan de romper la unión sagrada del proletariado para defender sus intereses y ambiciones particulares.

Valencia, enero de 1937.
Manuel Pérez

NOTAS

1. *30 años de lucha. Mi actuación como militante de la CNT y anarquista español*, de Manuel Pérez, Asociación Isaac Puente. Vitoria, 2012.

2. *Ibidem.*

3. *El moviment obrer de Mallorca i la Guerra Civil (1936-1939)*, David Ginard Feron (Publicacions Abadia de Montserrat, 1999).

4. *30 años de lucha...*

5. *30 años de lucha...*

6. *30 años de lucha...*

CUATRO MESES DE BARBARIE

MALLORCA BAJO EL TERROR FASCISTA

Por

MANUEL PEREZ

CALUMNIA

Palabra malintencionada,
que busca dañar el honor.
Materia venenosa,
capaz de destruir reputaciones.

Discurso
que arde en falsedades.

Esta nueva edición de
Cuatro meses de barbarie.
Mallorca bajo el terror fascista
de MANUEL PÉREZ
se publicó el 14 de marzo de 2025, coincidiendo
el fusilamiento de anarquista mallorquín
Pedro Adrover Font.
Historia y Memoria.